KB024259

Buildup School

워크북

빌드업 스쿨

교사학생의 효과적 의사소통

육성필 신민영
노미애 이건희

차례

1강	교사의 자기이해	01
2강	청소년기의 이해	21
3강	의사소통의 실제 I - 너의 마음 듣기	49
4강	의사소통의 실제 II - 나의 마음 말하기	63

빌드업 스쿨 워크북 - 교사학생의 효과적 의사소통

1강

교사의 자기이해

빌드업 스쿨 워크북: 교사학생의 효과적 의사소통

0.1 교사? 선생님? 스승?

- 군사부일체
- 스승의 그림자는 밟지도 않는다.
- 스승의 은혜

0.2 교사의 현실

과중한 업무

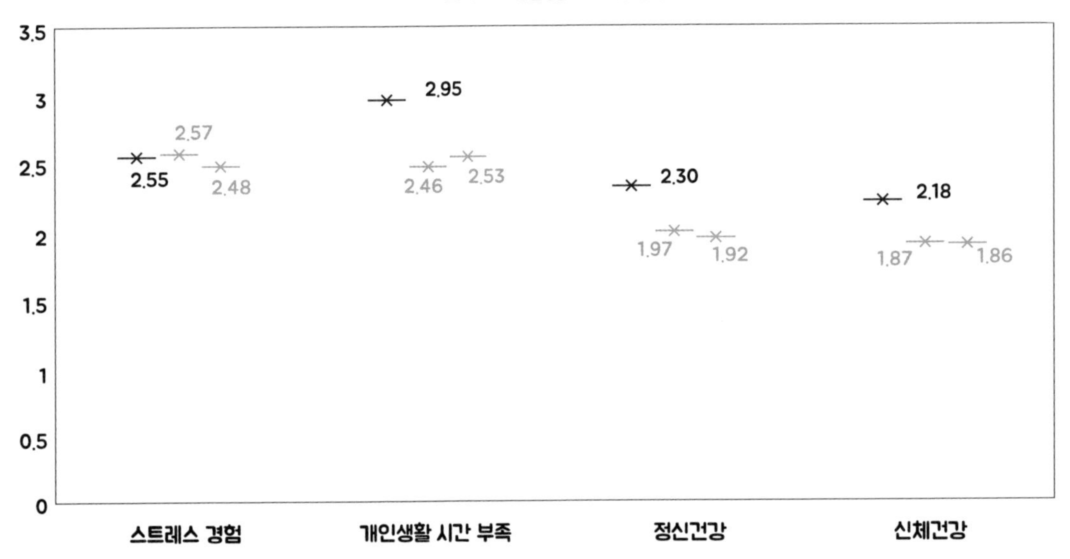

0.3 교사의 현실

학생, 학부모와의 소통의 어려움, 학교폭력

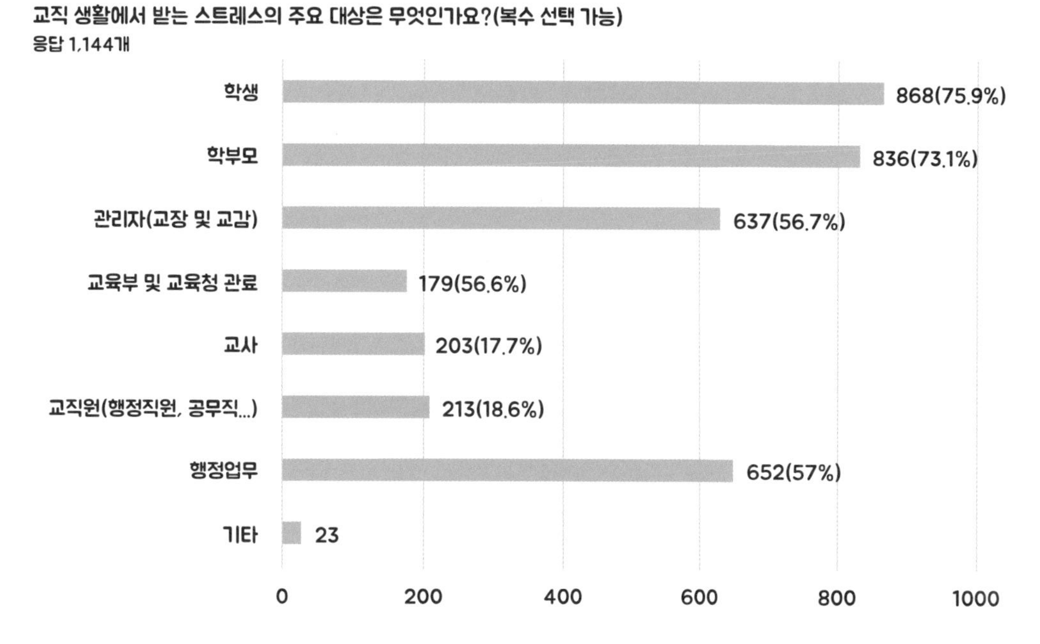

0.4 교사의 현실

교사가 경험하는 스트레스...

1.1 교사의 스트레스 감소를 위한 심리학적 해법 1

교사 역할의 특수성 이해: 1) 전문성과 자율성

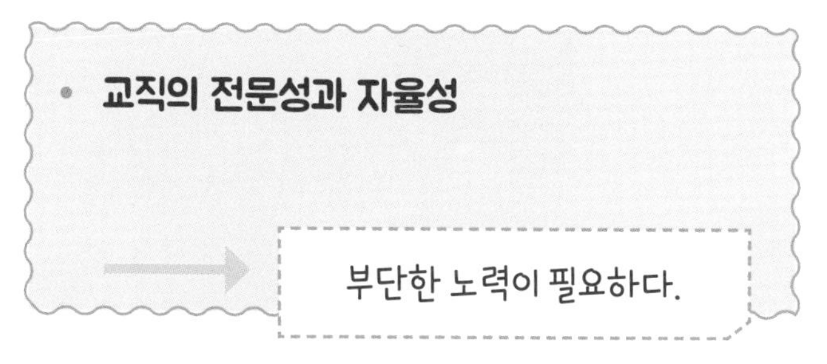

- **교직의 전문성과 자율성**

→ 부단한 노력이 필요하다.

1.2 교사의 스트레스 감소를 위한 심리학적 해법 1

교사 역할의 특수성 이해: 2) 교육(자문), 생활지도, 의사소통

1.3 교사의 스트레스 감소를 위한 심리학적 해법 1

교사 역할의 특수성 이해: 3) 미성숙한 학생의 행동변화 촉진

학생들은 그들이 신뢰하고
존경하는 교사에게서
배우려고 노력한다
(Aspy & Roebuck, 1977)

2.1 교사의 스트레스 감소를 위한 심리학적 해법 2

유능한 교사의 본성 이해

현대심리학의 아버지

인간중심상담의 창시자

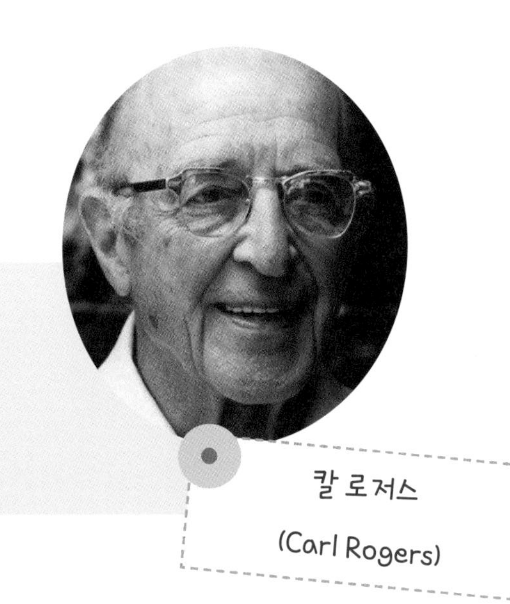

칼 로저스

(Carl Rogers)

2.2 인간중심 태도로 학생을 교육한 연구 결과

플로라 로벅(Flora Roebuck)과 데이비스 애스피(David Aspy)는 초등학교부터 고등학교까지 600명의 교사와 1만여 명의 학생을 대상으로 공감, 일치성 및 긍정적 존중을 포함하는 인간중심적 태도를 훈련받은 교사들의 제자들과 그렇지 않은 통제집단을 비교하였다. 주요 연구 결과는 다음과 같다.

1. 학생들의 결석일수가 연중 4일 더 적다.
2. 학생들은 보다 더 긍정적인 자기개념을 나타내는 자기개념 측정점수가 향상되었다.
3. 학생들은 수학과 읽기 성적을 포함한 학업성적 검사에서 더 큰 향상이 있었다.
4. 학생중심적인 교실의 학생들은 규율문제나 학교 기물파괴의 숫자가 줄어들었다.
5. 학생들은 보다 더 자발적이고 높은 수준의 사고를 한다.

2.3 무적건적 긍정적 존중

칼 로저스(Carl Rogers)의 비유

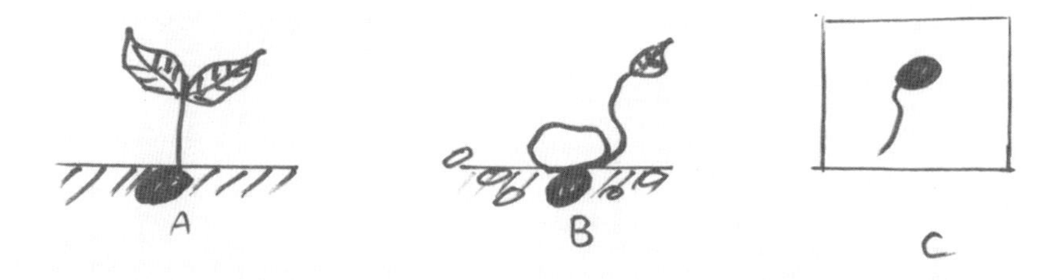

2.4 공감적 이해

Understand?

2.5 공감적 이해의 사례

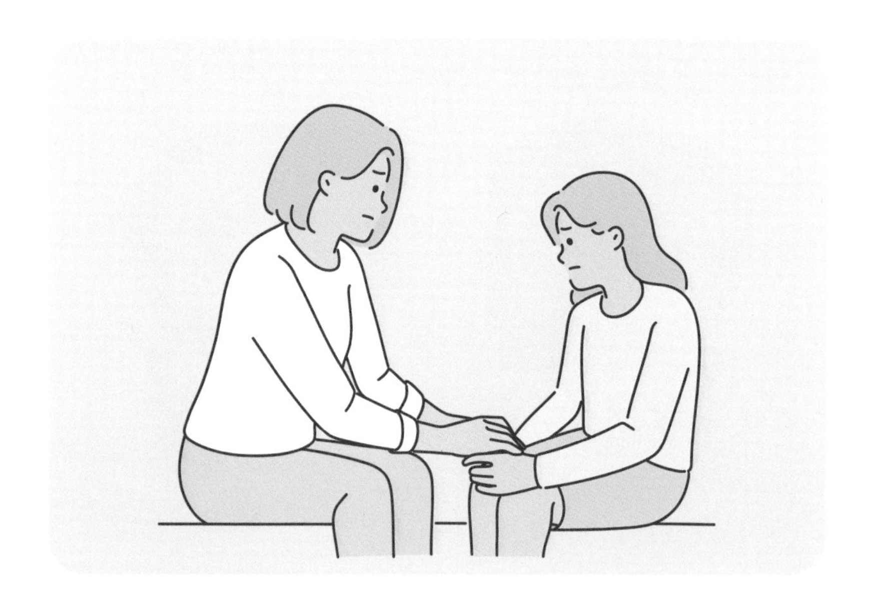

2.6 진실성

교실에서 학생들에게
자신의 힘듦을 솔직하게
표현한 고등학교 사회교사
D씨의 사례

3.1 교사의 스트레스 감소를 위한 심리학적 해법 3

교사의 자기이해

3.2 마음의 구조를 창문에 비유하면?

마음 이해를 위한 심리학적 틀: 조하리의 창(Johari's windows)

	자신이 아는 부분	자신이 모르는 부분
타인에게 알려진 부분	공개 영역	맹목 영역
타인에게 알려지지 않은 부분	비밀 영역	미지 영역

3.3 휴직을 선택했던 A교사의 고민(상담 사례)

학생들과 관계에서 스트레스를
경험하고 우울증으로 휴직을 선택했던
초임교사 A씨의 사례

3.4 사례 대화 내용

- "나는 유능한 교사이다. 학교에서 학생들과 관계가 힘들어서 우울증이 왔을 뿐, 대인관계에서 아무 이상이 없다." (공개된 영역만 이야기하고 자기개방을 하지 않은 상태)

- "아버지는 오랜 시간 병석에 계셨고, 엄마는 혼자서 자식들을 키웠던 탓에 제대로 돌봄을 받지 못했으나, 맏딸로서 '괜찮아' 보이기 위해 애썼다. 엄마는 엄마가 필요할 때만 나를 이용하고, 공부를 잘할 때만 사랑해 주었다" 라며 자신의 부정적 마음을 털어 놓았다. (비밀 영역을 공개하는 상태)

- 과거에는 알아차리지 못했던 무의식을 통찰하기 시작했다. "혹시 나도 우리 반 애들에게 엄마처럼 대한 건 아니었을까? 애들이 요구할 때 화내고, 성적이 좋은 아이에게만 눈길을 주고, 애들이 속마음을 말할 때 공감하기보다는 상처 주는 말을 한 건 아닐까?" (맹목 영역을 알아차리는 상태)

- 무의식을 통찰하면서 심적 에너지가 충전되고 학생들의 마음을 이해하기 시작했다. 엄마의 상황을 아이의 시각이 아닌 어른의 시각으로 바라보게 되었다. 마지막으로, 미숙한 방식으로 학생들과 갈등을 빚었던 자기 자신까지도 이해하고 용서하게 되었다.

2강

청소년기의 이해

빌드업 스쿨 워크북: 교사학생의 효과적 의사소통

0.1 청소년기의 정의

청소년? 소년인가? 청년인가?

- **청소년은 과도기**
- **'Who am I?'의 질문을 하는 시기**

0.2 청소년 문제

19세 이하 개인형 이동장치 교통사고
(단위=건 · 명)
부상자 수
12
25
58
218(1)
619(3)
549
186
48
21
12
사고 건수
2017년
2018년
2019년
2020년
2021년
*괄호 안은 사망자 수. 자료=김정제 국민의 힘 의원실
스마트폰 사용자별 스마트폰 '과의존위험' 비율
단위: %
고위험
잠재적위험
1.2
16.7
3.5
27.1
2.5
13.6
2.0
9.7
유·아동
청소년
성인
60대
자료: 미래창조과학부

청소년기의 신체발달

2차 성징의 출현

- 1차 성징은 출생 시 생식기에 반영되는 성차로 인한 특징
- 2차 성징은 청소년기에 고환과 난소가 발달함에 따라 성호르몬 분비에 의해 신체의 기능과 형태적 변화가 발생하는 특징
  - 2차 성징은 개인차가 큰데, 특히 여성의 성숙이 남성보다 2~3년 정도 빠른 경향이 있다.

1.2 청소년기의 심리 사회 발달

에릭슨의 자아 정체성

하버드대 교수

전 생애 심리 사회 발달 8단계 이론

자아 정체성 개념 확립

특별한 생애사

특별한 업적

1.3 청소년기의 심리 사회 발달

아이와 어른의 차이 - 독립

독립하려면 '나는 누구인가?',

'나는 무엇을 하고 살아갈 것인가?(자아 정체성)'를 알아야 한다.

청소년은 부모로부터 분리되고, 독립을 위해 반항하고 방황하기 시작한다.

심리적 독립과 자아 정체성

1.4 청소년기의 심리 사회 발달

자아 정체성 대 역할 혼미

- 방황(역할 실험)
- 역할 혼미
- 역할 유예
- 역할 유실

1.5 청소년기의 심리 사회 발달

사회성 발달 - '친구'의 중요성

- **발달상 친구 관계(significant other)가 중요하다.**
  - 부모로부터 독립되는 과정의 불안을 서로 나누는 관계이다.
- **상호작용, 친구를 통해 주고받는 관계를 처음 배운다.**
- **초, 중, 고 시기별로 관계의 패턴은 많은 차이가 있다.**
- **아이돌 등 연예인에 몰두하기도 한다. 이는 불안을 해소하고 롤모델을 갖고 싶은 욕구이다.**

2.1 청소년기의 인지발달

상상적 청중

상상적 청중의 개념

- **자기중심적 사고의 하나**
- **주변 사람을 의식해, 모든 사람이 자신을 칭찬하거나, 비난한다고 상상**
- **자신은 주인공, 타인들이 자신을 바라보고 있다는 착각**

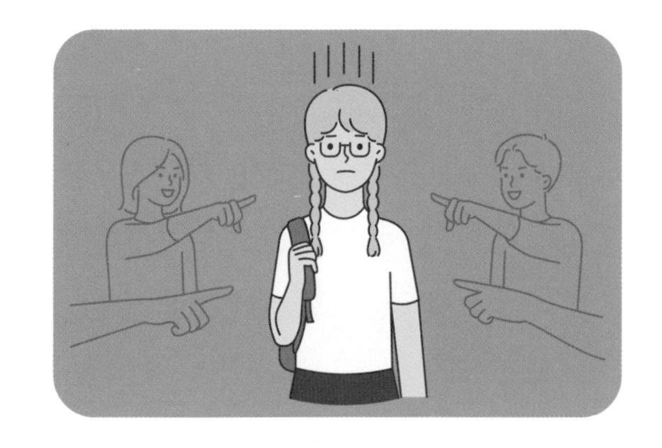

2.2 청소년기의 인지발달

자기신화

자기신화의 개념

- **자기중심적 사고의 하나**
- **다른 사람한테 일어날 수 있는 일이 자기한테는 일어나지 않을 것이라고 믿는 경향성**
- **자신의 감정과 생각은 매우 독특해서 다른 사람들이 이해할 수 없을 것이라는 착각**

2.3 중2병? 괴물? 외계인

3.1 뇌발달 관점에서 본 청소년

1. 청소년기의 뇌발달

1) 미완성된 뇌

2) 전두엽과 편도체의 상호작용

3) 정서 시스템, 인지통제 시스템, 사회인지 시스템 발달

4) 청소년기의 자기중심성과 뇌발달과의 관계

2. 청소년 뇌의 취약성

1) 변화하고 있는 뇌

2) 정신병리에 대한 취약성

3. 뇌발달을 고려하여 청소년과 관계 맺기

3.2 청소년기의 뇌발달

1) 미완성된 뇌

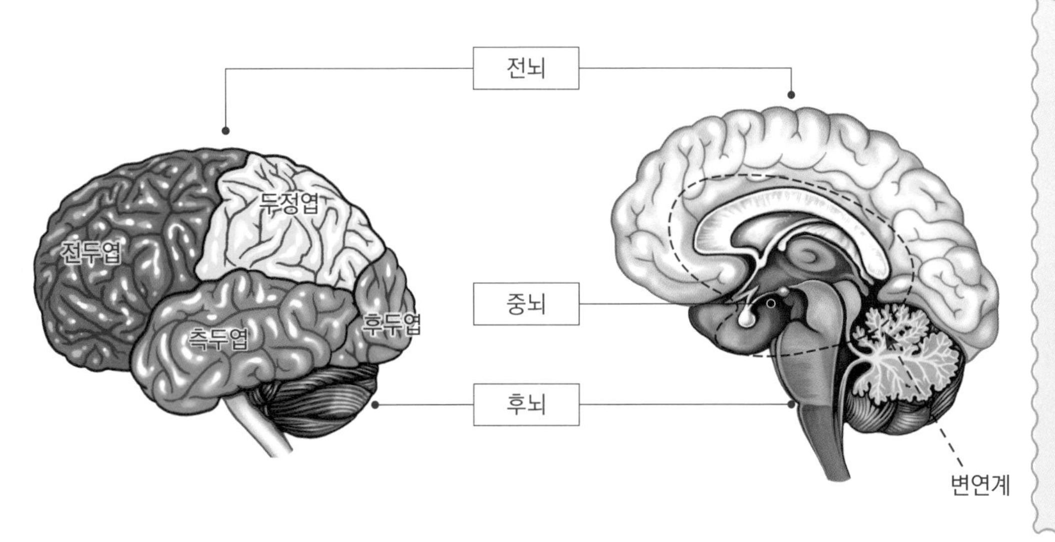

피질: 인지 기능을 관장

전두엽 - 판단, 통찰, 충동 조절

두정엽 - 운동, 감각

측두엽 - 감정, 성욕, 언어

후두엽 - 시각

변연계: 정서 기능을 관장

편도체 - 공포, 불안, 공격성, 보상

3.3 청소년기의 뇌발달

1) 미완성된 뇌 - 뇌 영역들은 동일한 속도로 발달하지 않는다.

Gogtay 등의 연구(2004)

- **기본적인 기능을 담당하는 뇌의 영역이 먼저 성숙해진 후 보다 복잡하고 통합적인 기능을 하는 영역들이 나중에 성숙해진다.**
- **청소년기에는 전두엽이 미완성 상태**
  - 청소년은 문명화되지 않은 어른
  - 성인과 같은 판단, 통찰이 어렵다.

3.4 청소년기의 뇌발달

2) 전전두엽과 편도체의 상호작용 - 폭발적인 정서 반응이 아직은 잘 통제되지 않는다.

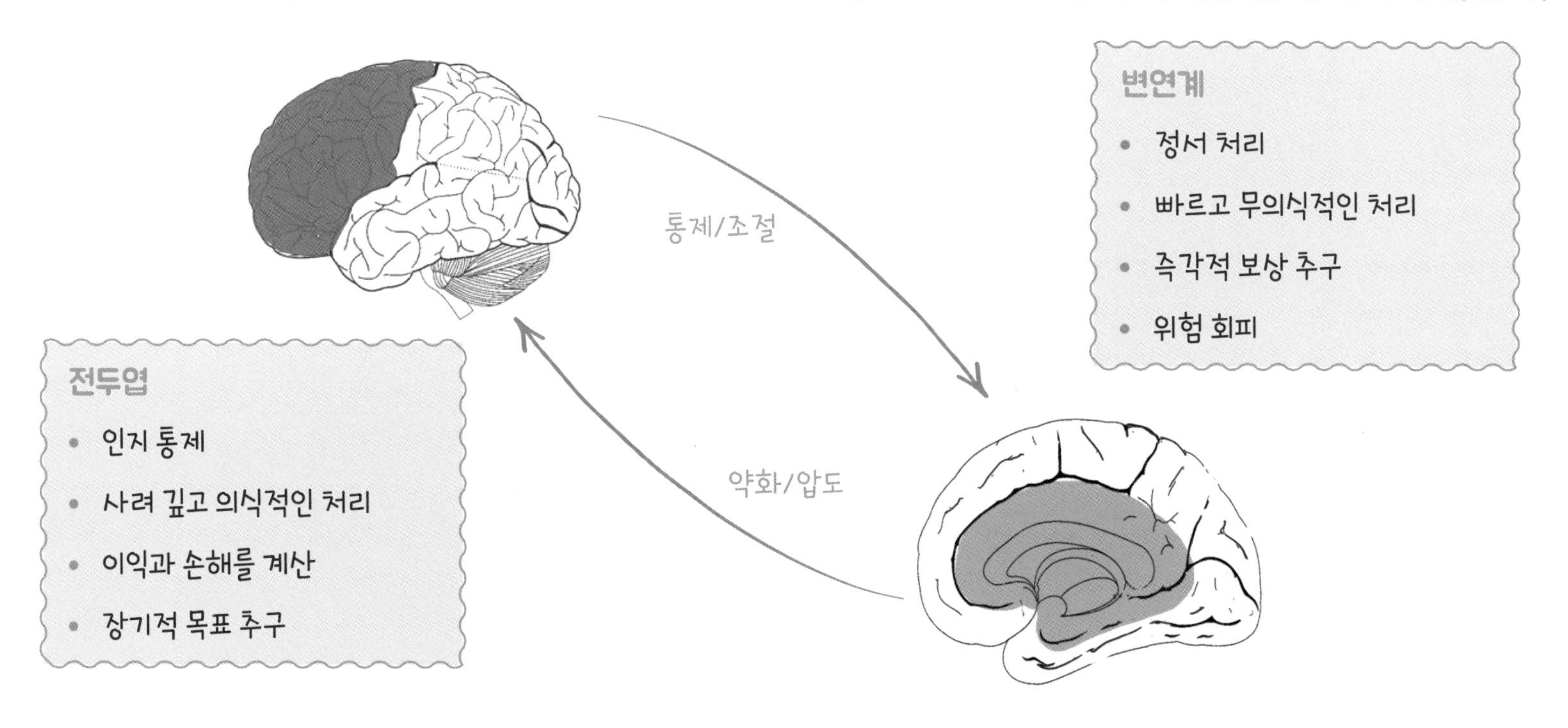

청소년기의 뇌발달

2) 전전두엽과 편도체의 상호작용 - 폭발적인 정서 반응이 아직은 잘 통제되지 않는다.

Swartz 등(2014)의 연구

- 전전두엽과 편도체 간의 연결은 나이가 증가할수록 강해졌으며 강도가 강할수록 편도체의 활성화가 낮았다.
- 이성적이기보다 감정적이다.

3.6 청소년기의 뇌발달

3) 정서, 인지통제, 사회인지 시스템의 불균형 발달

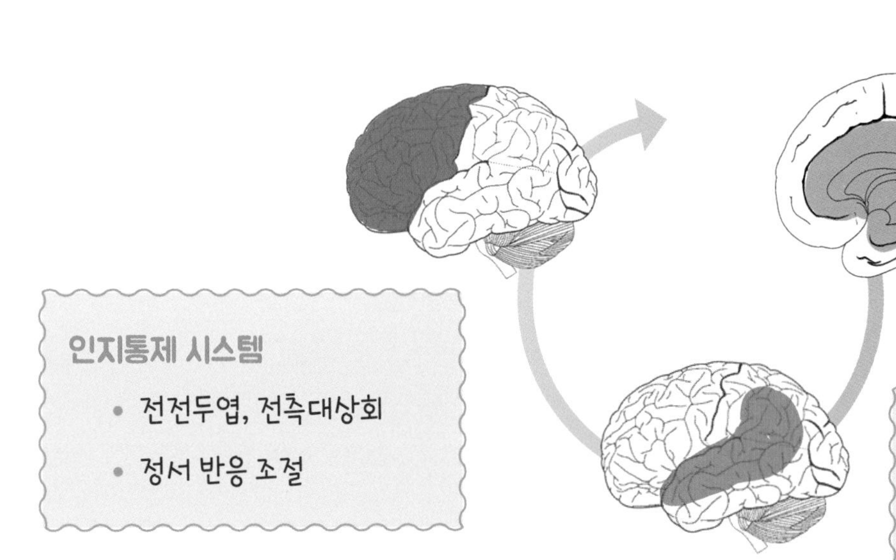

정서 시스템

- 피질하-변연계
- 정서 반응

인지통제 시스템

- 전전두엽, 전측대상회
- 정서 반응 조절

사회인지 시스템

- 내측 전전두엽, 상측두구, 측두두정연접부
- 타인의 관점 수용

청소년기의 뇌발달

3) 정서, 인지통제, 사회인지 시스템의 불균형 발달

- 엄마의 잔소리를 듣는 동안 뇌의 반응을 조사(Lee et al., 2015)한 결과: 정서 시스템의 활성화는 증가한 반면, 인지통제 시스템과 사회인지 시스템은 활성화는 저하되었다.

3.8 청소년기의 뇌발달

4) 청소년기의 자기중심성과 뇌발달과의 관계

- **정서적 자기중심성 오류(Emotional Egocentricity Bias, EBB):**
  나의 감정에 근거해서 타인의 감정을 평가하는 것
  성인보다 아동에서 높게 나타난다(Steinbeis et al., 2015).

3.9 청소년, 어떻게 이해해야 하는가?

행동 → 심리 사회 → 뇌발달

행동

- 감정 기복, 정서적 불안정
- 충동성
- 위험한 행동
- 짜증, 분노/반항적 행동
- 자기중심적 행동
- 중독적 행동

심리 사회

- 질풍노도의 시기(그랜빌 홀)
- 제2의 탄생(루소)
- 심리적 이유기(홀링워스)
- 주변인(레빈)
- 자아 정체성(에릭슨)
- 자아중심성(엘킨드)

뇌발달

- 정서 시스템의 과도한 활성화
- 인지통제 시스템의 미성숙
- 사회인지 시스템의 미성숙

3.10 청소년 뇌의 취약성

1) 변화하고 있는 뇌: 뇌 기능이 폭발적으로 증가하지만 취약하다.

- 뇌는 미완성된 형태로 태어나 시간과 경험에 의해 완성된다.
- 청소년기는 뇌 기능이 폭발적으로 증가하며 정교화되는 시기
- 불안정함이 특징

3.11 청소년 뇌의 취약성

1) 변화하고 있는 뇌: 양날의 검, 신경가소성

나쁜 영향

- 사회적 결핍, 고립
- 방임, 학대
- 스트레스
- 부정 정서 경험
- 불충분한 운동, 영양, 수면

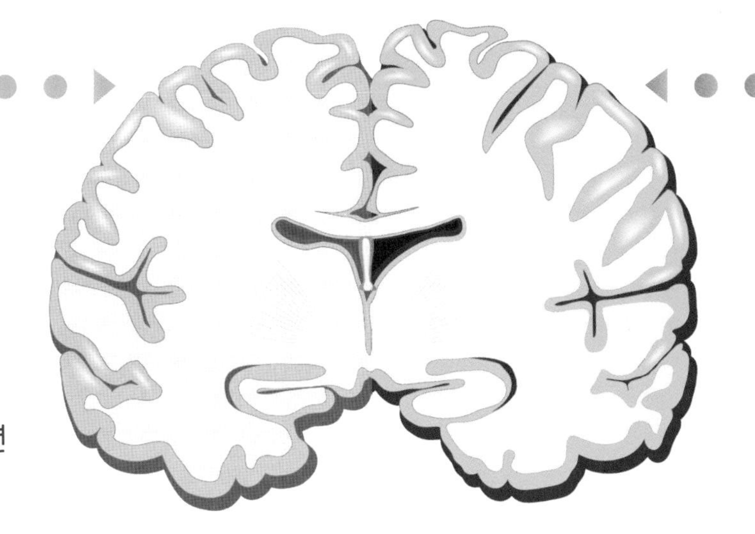

좋은 영향

- 사회적 상호작용
- 사회적 지지
- 긍정 정서 경험
- 충분한 운동, 영양, 수면

3.12 청소년 뇌의 취약성

2) 정신병리에 대한 취약성

대부분의 경우 일시적이고 심하지 않게 지나간다.

그러나, 정도가 심하고 장기간이면 전문가의 도움을 받는 것이 좋다.

거식증은 입원치료를 권한다.

청소년 뇌의 취약성

2) 정신병리에 대한 취약성

공감- 10대 사망원인 1위 자살

우리 청소년, 매일 한명씩 스스로 목숨 끊어

부모 기대 · 왕따 · 스트레스… 19%가 "자살 생각해봤다" 5%는 실제 자살 시도

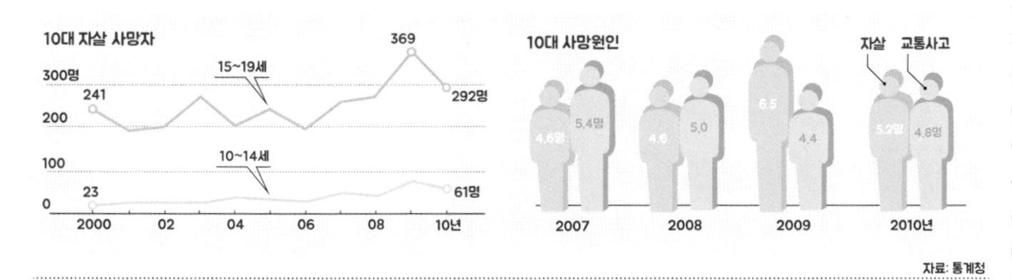

희망- 가장 필요한 건 관심

전국 166개 청소년 센터서 24시간 전문가 상담

청소년들, 자살 생각할 땐 반드시 신호 보내… 그건 '죽고 싶다'가 아닌 '살고 싶다'는 신호

- **자살 시도는 고통의 표현이고 도움을 요청하는 시도일 수 있다.**
  - 자살 충동성은 시간제한적 특성이 있다.
  - 24~48시간 정도 지속되므로, 자살 시도를 목격하면 함께 있어주고, 관련 기관에 연계가 필요하다.
  - 고통에 대한 경청과 공감이 도움이 된다.

뇌발달을 고려하여 청소년과 관계 맺기

- **청소년의 뇌가 아직 미성숙한 상태임을 인정하기**

  ⇨ 아이들은 뇌 기능에 충실한 삶을 살고 있을 뿐이다.

- **현재 상태를 어떻게 효율적으로 이용할 수 있을지, 어떻게 보조해야 최상의 기능을 할 수 있을지 고민하기**

  ⇨ 정서적으로 흥분된 상태에서는 말이 통하지 않는다: 대화 가능한 시점을 포착할 것

  ⇨ 통제된 행동은 자동적 행동보다 늦게 출현한다: 한 템포 쉬고 반응하기

4.2 뇌발달을 고려하여 청소년과 관계 맺기

- **청소년의 뇌는 신경가소성이 매우 활발한 시기임을 이해하고, 좋은 방향으로 변화할 수 있도록 안내하기**
  - ⇨ 아이들과 친밀한 관계를 형성하기: 안전지대
  - ⇨ 긍정적 정서 경험
  - ⇨ 사회적 지지
  - ⇨ 충분한 영양, 운동, 수면
  - ⇨ 따뜻한 눈빛, 미소, 토닥이기, 농담, 유머

- **지금은 발달 중, 결국은 좋아질 것임을 믿어 의심치 않기**
  - ⇨ 필요하면 전문적인 도움받기: 안정감을 제공하고 자기통제력을 향상

3강

의사소통의 실제 I - 너의 마음 듣기

마음이 통하는 대화의 방법?

- 마음이 통하려면 '듣기'가 중요
- '감정'을 들어주는 것이 중요

1.1 사리대화와 심정대화

사리대화와 심정대화의 개념

- 심정대화: 마음이 통하는 대화
- 사리대화: 생각과 지식, 정보를 전하는 대화

1.2 사리대화와 심정대화

사리대화와 심정대화의 차이점

<예시>

교사가 성적부진으로 보충학습을 하는 학생에게 과제를 주었더니 학생이 "선생님 숙제가 너무 많아요."라고 말하는 상황

A교사: **"숙제가 많다니... 그 정도도 안 해서 어떻게 성적을 올리겠니? 여태 그런 식으로 해서 공부를 못하는 거야."**

B교사: **"숙제가 많아서 힘든가 보구나."**

- **심정대화는 '듣기'가 중요**
- **사리대화는 '말하기'가 중요**

1.3 소극적 경청과 적극적 경청

2.1 적극적 듣기의 기술

감정 반영하기

- 청자가 말할 차례에 '너'를 주어로 말한다.
- 청자가 말할 때 상대의 감정을 읽어서 말해준다.

"너는 (...한 감정)을 느끼는구나!"

2.2 적극적 듣기의 기술

요약하기

- 듣게 된 모든 내용을 총합하여 하나의 메시지로 압축하는 것
  "네 말은 ...이고, ...이고, ...이라는 말이지?"
- 대화가 어느 정도 진행되고, 듣기를 마무리하려 할 때 활용하면 좋다.

2.3 적극적 듣기의 기술

타당화와 공감

- 타당화는 화자의 입장(맥락, 상황)을 이해하고 수용하는 것

  "네가 ...하기 때문에 그렇다는 것이 이해가 되네"

- 공감은 화자의 입장(관점)을 자신의 경험처럼 함께 느끼는 것.

  공감할 때, 성장동기도 헤아릴 수 있으면 좋다.

- 듣기의 마무리 단계에서 활용하면 좋다.

2.4 적극적 듣기의 기술

그 외의 기술들

- **거울처럼 반영하기**
  - 상대의 말을 거울처럼 똑같이 따라 해주는 것
  - 갈등 상황에서 활용하면 좋다.
- **재진술하기**
  - 비슷한 말로 바꾸어 말하기
  - " …한 상황이었구나."
- **명료화**
  - 모호하게 들릴 때 확인하는 질문
  - "…은 …이라는 뜻이지?"

3.1 적극적 듣기의 적용

불통대화를 소통대화로 재구성해 보기

4.1 비언어적 메시지 듣기

비언어적 의사소통의 중요성

- **전체 의사소통 중 비언어적 의사소통이 차지하는 비율 60~70%**
  (Burgoon, Buller, & Woodall, 1989)

- **비언어적 의사소통은 더 세심하고 민감하게 전해진다.**
  - 다리 떨기, 필요 이상으로 옷매무새 만지기 등은 불안의 표현
  - 팔의 움직임 최소화, 로봇처럼 보이는 것(가정폭력이나 학교폭력의 피해자일 수 있다.)

- **언어적 메시지와 비언어적 메시지가 다른 경우 - 부정적 메시지가 솔직한 것일 수 있다.**

- **심정대화를 하기에 바람직한 태도**
- **시선 접촉, 몸을 화자 쪽으로 기울이기, 관심 나타내기**

5.1 심정 듣기의 주의점

심정대화에서 '듣기'를 할 때 유의할 점

1. 열린 태도, 존중하는 태도로 듣기

- **평가, 판단, 충고 등 '내'가 하고 싶은 말을 잠시 내려놓고 듣기**
- **사람들은 누구나 자신의 부정적 감정을 털어놓고 편안해지고 싶어 함을 이해하기**

2. 말의 속뜻을 알아듣기

- **상대방의 말이 뚜렷한 증거 없이 나쁜 의도로 들리면 '착각'임을 깨닫기**
- **'개떡같이 말해도 찰떡같이 알아듣기'**

3. 상대의 말을 먼저 끝까지 들은 다음, '나의 마음 말하기'

- **심정대화는 '말하기'보다 '듣기'가 중요**

4강

의사소통의 실제 II
- 나의 마음 말하기

0.1 의사소통을 위한 말하기 기술

사리대화의 말하기와 심정대화의 말하기의 차이점

- **사리대화의 말하기**
- **명료한 지식과 정보 말하기**

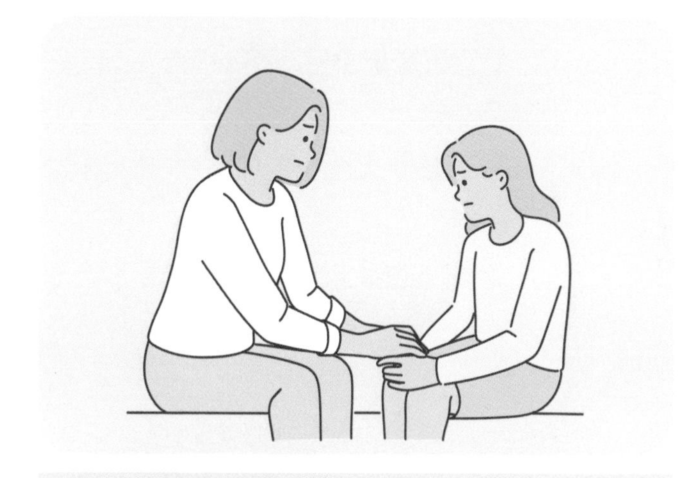

- **심정대화의 말하기**
- **나의 감정 진솔하게 말하기**

나의 마음 말하기의 기술

나의 마음 말하기의 전제조건

1. 감정을 말하는 것은 나약하거나 어른스럽지 못한 것이 아니다.

2. 진솔한 감정은 타인에게 전달될 수 있다는 믿음이 필요하다.

3. 내 심정을 말하기는 하지만, 받아 달라고 강요하지 않는 자세가 필요하다.

1.2 나의 마음 말하기의 기술

청자에게 들을 준비시키기

- **청자와 화자의 입장이 바뀔 때 사용**
  - 들을 준비를 시키기 위한 말을 하면 좋다.
- **"지금부터는 내가 말해도 될까?"**
- **"이제 내 얘기를 좀 해도 될까?"**

1.3 나의 마음 말하기의 기술

나의 감정 말하기

- **심정대화의 감정 반영하기를 반대로 하는 과정**
- **'나'를 주어로 말한다.**
- **"나는 (...한 감정)을 느낀다."라고 서술어를 바꾼다.**
- **감정을 느끼는 원인을 덧붙인다.**

→ "너의 (...한 행동) 때문에,
나는 (...한 감정)을 느낀다."

1.4 나의 마음 말하기의 기술

분노(화) 표현하기

- 분노는 자연스러운 감정
- 청자를 모욕하지 말고 분노 표현하기
- 격노했을 때는 Time out

- "... 때문에, 나는 화가 났다."
- "그래서 ...해 줬으면 좋겠다."

- 목소리는 단호하게 하고, 시선을 피하지 않는다.
- 말이 끝나면, 기다리거나 청자의 의견을 듣는다.

1.5 나의 마음 말하기의 기술

감정 말하고 기다리기

감정을 말한 후엔...

기다리기...

청자가 나의 말을 듣고, 나의 마음을 받아들이는 데는 시간이 필요하다.

2.1 교사의 말하기 기술

교수-학습과 생활지도를 위한 말하기 기술

- **거절의 언어(No)보다**
  수용의 언어(Yes)를 사용한다.

2.2 교사의 말하기 기술

교수-학습과 생활지도를 위한 말하기 기술

- **생활지도 시에는 미리 한계를 설정하고, 자율성을 존중하는 방식으로 말한다.**

2.3 교사의 말하기 기술

교수-학습과 생활지도를 위한 말하기 기술

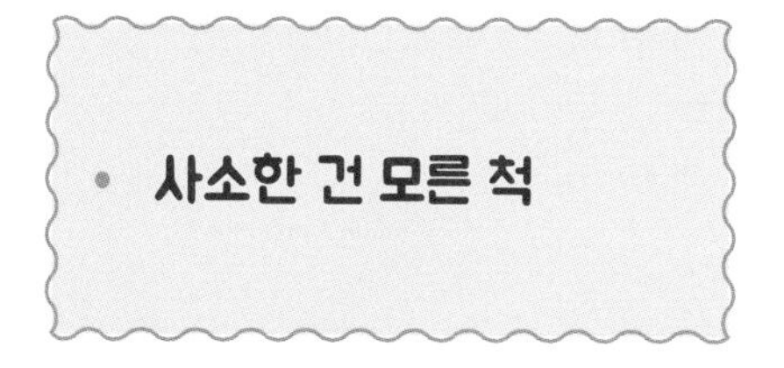

- 사소한 건 모른 척

3.1 피해야 할 말

관계 단절로 가는 4가지 대화법(Gottman, 1985, 1999)

1. 비판
(너는 항상 ...이 문제야)

2. 경멸
(너 따위가 어떻게...)

3. 방어
(그래, 하지만...)

4. 벽 쌓기
(침묵, 회피)

3.2 피해야 할 말 실례

교사가 피해야 할 말

- 성격 비난: **너는 게을러빠진 게 문제야.**
- 능력 비난: **멍청해가지고, 이런 것도 못해 오니?**
- 경멸: **게을러빠져가지고, 그래서 나중에 뭐 될래?**
- 명령, 지배: **이번에도 하라는 대로 안 했으니, (벌로) 숙제 10번 더 베껴 쓰고, 10장 더 써와.**
- 분석: **이번에는 뭐라 변명할 거니? 난 니가 숙제 안 해오는 이유를 알아. 게을러터져서 그렇지.**
- 모욕: **너희 부모님은 뭐하시기에 이런 것도 안 챙겨주시니?**
- 조롱: **너 그딴 식으로 계속해 봐라. 나중에 어떻게 되나.**
- 파멸 예언: **게을러빠져가지고, 앞으로 니가 어떻게 될지는 니가 더 잘 알 거야.**
- 낙인: **이 정도도 못해 오고... 앞으론 '똥 멍청이'라고 불러야겠다.**
- 수치심 주기: **집에선 도대체 뭐하냐? 머리에 똥만 들었지?**

4.1 소통하는 대화의 실례 (실습용 사례)

심정대화의 '말하기'와 '듣기' 기술을 활용한 의사소통 사례

00학생은 OO학교 남학생이고, A교사는 담임교사이다. 과다한 게임 몰입으로 학교생활에 적응을 못해서, A교사와 00학생의 심정대화를 통한 의사소통 사례이다. 방과 후 둘이 조용히 교실에 남아 대화를 나누는 중이다.

A교사 1: 00아, 남아서 기다려주어 고맙구나. 선생님이랑 얘기 좀 할 수 있을까? 괜찮니? (웃음)
〈말하기 - 들을 준비시키기〉

00학생 1: 네. (눈맞춤)

A교사 2: 요즘 학교생활 어떠니? 다닐만하고?

00학생 2: 네... (얼떨떨함)

A교사 3: 선생님이 하고 싶은 얘기가 있는데... 들어줄래? (웃음) 〈말하기 - 들을 준비시키기〉
사실은 네 학교생활이랑 게임에 대해 얘기를 좀 하고 싶구나. 성적도 그렇고,
수업시간에 자주 피곤해 보이고 집중하지 못하는 모습을 보인다고 하던데.

00학생 3: 네. (고개를 떨군다. 잠시 침묵) 하지만 게임 때문은 아니에요. (단호하게) 포기 못해요.

4.2 소통하는 대화의 실례 (실습용 사례)

과다한 게임 몰입으로 학교 수업 집중이 어려운 상황

A교사 4: 그래? 음... 게임이 네게 많이 중요한가 보구나. 그래도 네가 학교생활도 그렇고 친구들하고의 관계도 그렇고 어려움이 있을 텐데, 그렇게 게임을 하는 데는 이유가 있을 것 같구나... (기다린다)

〈듣기 - 감정 반영하기, 공감하기〉

OO학생 4: 샘, 저 대학 안 갈 거예요. 게이머가 될 거예요.

A교사 5: 아 그래? 아무 생각 없이 게임을 하는 게 아니라 나름 목표가 있었구나.

〈듣기 - 명료화〉

OO학생 5: 네. (눈을 맞춘다) 저 그래서 성적 필요 없어요.

A교사 6: 그렇구나. 게이머가 되고 싶어서, 성적보다 게임이 중요하다고 생각하는 거니?

〈듣기 - 재진술〉

OO학생 6: 네.

A교사 7: 부모님도 알고 계시니?

OO학생 7: (잠시 침묵) ...엄마는 잔소리만 해요. 아빠는 매일 늦고 말만 하면 화만 내요.

소통하는 대화의 실례 (실습용 사례)

A교사 8: 그러니까 네 말은 지금 엄마 아빠가 잔소리만 하고 화만 내서 상의하지 못했다는 거지? 〈듣기 - 재진술〉

OO학생 8: 네... (고개를 떨구고 침묵)

A교사 9: 음... 그런 사정이 있었구나... 그럴 때 네 마음은 어떠니? (네가 화가 났겠구나.)

〈듣기 - 재진술, 명료화〉

OO학생 9: (잠시 침묵) 그래도 저 괜찮아요. 게임하면 화도 풀리고 그래서 집에 혼자 있으면 또 하게 돼요.

A교사 10: 그렇구나... 속상한 마음을 게임으로 풀면서 한편으로는 게이머가 되려고 마음을 먹었나 보네. 외롭고 힘들었을 텐데 어떻게든 스스로 너의 진로를 생각했다니 참 대견하다.

〈듣기 - 명료화, 감정반영 〉

OO학생 10: 네.

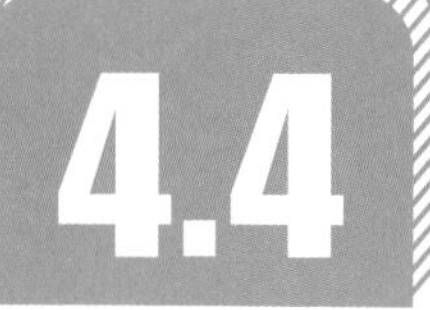

소통하는 대화의 실례 (실습용 사례)

A교사 11: 더 하고 싶은 말 있니?

OO학생 11: 아니요.

A교사 12: 네 말을 들으니 너무 게임에 몰두하는 것 같아 걱정이 되면서도 너의 미래와 진로에 대해 고민한 것 같아 선생님이 마음이 놓인다. 〈듣기 - 타당화, 공감하기〉

OO학생 12: (웃음)

A교사 13: (함께 웃음) 그래도 졸업은 할 거지?

OO학생 13: 그럼요. (웃음)

A교사 14: (함께 웃음) 오 그래 다행이다. 그나저나 얘기를 들으니 네 사정이 이해가 된다마는, 계속 수업시간에 (게임 때문에) 졸고 집중하기 어려우니, 어떻게 하면 좋을까?
〈말하기 - 감정 말하기〉

OO학생 14: (잠시 생각하다가) 샘. 그러면, 제가 수업시간에 안 자려고 노력해 볼게요.

4.5 소통하는 대화의 실례 (실습용 사례)

A교사 15: 그럴 수 있겠어?

OO학생 15: 그럼요. 샘이 제 게임을 이해해 주시는데, 저도 그 정도는 할 수 있죠.

A교사 16: 선생님을 생각해주어 고맙다. 또 네 꿈을 향해 노력하게 되는 것도 되잖니?

〈듣기 - 타당화〉

OO학생 16: 감사해요. 샘. (눈을 마주친다)

A교사 17: 그렇구나. ______________________ 〈말하기 - 감정 말하기〉

프로게이머가 되려면 게임을 잘하는 것 말고 뭐가 더 필요할까?

선생님이랑 좀 더 구체적으로 알아볼까? 어떠니?

OO학생 17: 아... 그 생각은 못했네요. 생각해 볼게요.

A교사 18: 오늘 OO의 꿈을 알게 되어 선생님 기분도 좋구나. 다음에 같이 찾아보자.

〈말하기 - 감정 말하기 〉

저자 소개

육성필(서울상담심리대학원대학교 위기관리상담전공 교수, 마음건강연구소장)

노미애(서울상담심리대학원대학교 마음건강연구소 전임연구원)

신민영(서울상담심리대학원대학교 노인임상상담전공 교수)

이건희(서울상담심리대학원대학교 초빙교수)

빌드업 스쿨 워크북: 교사학생의 효과적 의사소통

초판발행 2023년 12월 29일

지은이 육성필 · 노미애 · 신민영 · 이건희
펴낸이 노 현

편 집 김다혜
기획/마케팅 허승훈
표지디자인 이은지
제 작 고철민 · 조영환

펴낸곳 ㈜ 피와이메이트
서울특별시 금천구 가산디지털2로 53, 한라시그마밸리 210호(가산동)
등록 2014. 2. 12. 제2018-000080호
전 화 02)733-6771
f a x 02)736-4818
e-mail pys@pybook.co.kr
homepage www.pybook.co.kr
ISBN 979-11-6519-461-1 93180

copyright©육성필 · 노미애 · 신민영 · 이건희, 2023, Printed in Korea

* 파본은 구입하신 곳에서 교환해 드립니다. 본서의 무단복제행위를 금합니다.

정 가 12,000원

박영스토리는 박영사와 함께하는 브랜드입니다.